AF345703

DONDE DAN LA VUELTA LOS OCÉANOS

DONDE DAN LA VUELTA LOS OCÉANOS

JOAQUÍN RODRÍGUEZ

Primera Edición

2021

Independently Published

© Texto: **Joaquín Rodríguez**
© Portada: **Joaquín Rodríguez**.
© Prologuista: **Luis Miguel Santos Unamuno**

Reg. Prop. Int.: **765-1006558**
ISBN: **978-8418789250**

Pablo Neruda. El gran océano

Como todos los actos del universo, dice Borges, la dedicatoria de un libro es un acto mágico. También cabría definirla como el modo más grato y más sensible de pronunciar un nombre".

Yo pronuncio dos:

Carmen Herrero y **Laura Rodríguez**.

ÍNDICE

PRÓLOGO

Luis Miguel Santos Unamuno

Me une a Joaquín una amistad sincopada, compartimentada, aparentemente circunscrita a aspectos sociales prosaicos (léase laborales), pero a través de los cuales, sinuosamente, se colaron brisas de reconocimiento mutuo, generacionales en cierta manera, universales en otra. Una amistad trabada en el más inopinado de los cubículos, en los asientos de un coche camino al trabajo en una ciudad distante, con tiempo suficiente para la cabezada o para el diálogo. Llegados a destino, el paisaje fronterizo de una España que se olvidaba de sí misma y el paisanaje de los colegios rurales ocupaban nuestras mañanas por separado y, como sin pretenderlo, nos alimentaban de desconciertos que emergerían en la conversación del viaje de vuelta, más sabios, más necesitados. No era raro que se empezara hablando de asuntos profesionales, pero pronto la conversación derivaba hacia la actualidad del momento (la década de los '90 aventaba miedos finiseculares y el asesinato de Tomás y Valiente nos dejaba mudos), hacia pasiones comunes, siempre dejando asomar muy poco a poco el interior de cada uno, como un señuelo, para ver si al otro lado había un alma gemela.

Descubrimos que compartíamos, además de por la *muslá* la Esther Williams, una afición por el arte —que desembocó en una exposición conjunta de óleos y fotografías en el Centro Cultural de Ciudad Rodrigo— y una pasión por la lectura que, en tiempos pasados, quizá ahora también, se llevaba en la intimidad, no sólo porque en soledad se lee sino porque cuando todos queríamos ser futbolistas, no era prestigioso tener la nariz siempre metida en los libros ni parecer un empollón amojamado con gafitas. En la seguridad de no ser oídos mientras tragábamos kilómetros nos hacíamos risas ante la imposibilidad de terminar *Paradiso* de Lezama Lima o *Tres tristes tigres* de

Cabrera Infante que en círculos de entendidos nadie se atrevería a deleznar. Pero Joaquín lo había leído todo y era un lujo aprovecharse de él. Ahora me percato de que sí me dio algunas pistas de su vena poética pues me recomendó las que consideraba mejores obras de su homónimo de apellido, Claudio, y de nuestro salmantino, Aníbal Núñez. Y él no se acordará, como yo tampoco recuerdo, de dónde salió, pero un verso suyo que me llegó no se me ha borrado de mi memoria de psicólogo: *al fin y al cabo, la muerte sólo es un estado de conciencia.*

Con el tiempo, el roce hizo el cariño y acepté lo que se me daba consciente de que había lagunas de las que nada sabría y de que me quedaba en sombras, apenas pequeños atisbos, su figura anterior, su *bildungsroman,* sus críticas de cine en la prensa local, sus papeles perdidos. Y fue entonces cuando descubrí que Joaquín vivía disfrazado, que se negaba a que los demás pudieran saber nada de él por los datos visibles que aportaba. Joaquín, hombre de familia, discreto, alejado de aspavientos, vivía enmascarado, comedido, dispuesto a dejar salir su humor socarrón sólo a cuentagotas —cuando sintiera que había un interlocutor expectante— observando lo que le rodeaba, tomando notas del natural para transformarlas en argumentos para sus cuadros porque por entonces se expresaba sobre todo con pinceles, pigmentos, arena o arpilleras: un material visible, tangible, que se diría más fácil de someter que las palabras.

Así que un día en que nuestros contactos se habían espaciado debió decidir cambiar el lenguaje plástico de sus pinceles y materiales (sin abandonarlos del todo: sus cambiantes perfiles de whatsapp así parecen atestiguarlo) por el lenguaje de la poesía. Algo le indica al lector que esta es una obra *de senectute*, que se ha estado gestando en su interior, con esa capacidad suya de espigar en todo lo que lee, nutriéndose de los espacios que quedaron vacíos entre óleos y otros materiales plásticos abandonados y que por fin ahora dieron paso a la palabra.

Él mismo nos responde a lo que no le hemos preguntado:

el fiel reflejo
de la senectud que lenta,
fatigosamente, hemos incubado.

En el mundo educativo, con sus asignaturas y exámenes antes o después alguien te pregunta si la poesía "sirve" para algo. Uno, enseguida muerde el anzuelo y busca una respuesta, facilona o profunda. Pero, aceptémoslo, quien te lo pregunta tiene algo de razón: mejor vivir ciegos. Creo que fue Anatole France quien dijo: En la oscuridad el sabio se da golpes con las paredes mientras el necio se queda quieto. Está claro que Joaquín ha cogido una piqueta y se ha puesto manos a la obra. Quizá pretende encontrarnos una salida o quizá tan sólo embellecer unas paredes que nadie podrá ver.

Joaquín no nos conduce de la mano, sino que camina unos metros por delante confiando en que lo sigamos, como debió haber hecho el suspicaz Orfeo. Allá nosotros si perdemos la senda:

Se barrunta un nuevo abordaje en medio
de la oscuridad.
Navegamos sin rumbo como náufragos.
Sobrevivimos entre dos fuegos
como apátridas.

Mientras caminamos/transitamos por sus poemas a veces un verso parece anticipar el siguiente, un giro a la derecha del camino, por ejemplo, pero el autor frustra la intuición y nos sorprende con una revuelta inesperada que nos empuja a seguirle, indefensos, mirando de reojo el pasadizo que acabamos de dejar a un lado y del que aún podría emerger un monstruo.

No valoraré la calidad de los poemas, algo que dejo para los críticos de suplementos culturales, para los detentadores de la hermenéutica. (¿Alguien sabe, en fin, lo que significa ecfrásico?) Nada me ha comentado el autor sobre ellos, me ha enviado su obra monda y lironda y me he sumergido en ella buscando senderos en el agua. Pero jugué con ventaja porque durante algunos años pude escuchar de su propia voz, agazapado, lo que subyace ahora en sus poemas. Brillan así imágenes casi sinestésicas:

Los casquillos de las balas caían sobre las moquetas
como diamantes de granizo sobre terciopelo.

y, esparcidas aquí y allá, querencia lógica, palabras que traen ecos de sepulcros en Tarquinia (escalinatas, almenas, fortalezas, líquenes...) que nos hablan de la matriz honda del clásico que anida en su... núcleo. Alma no he querido escribir, pues tal concesión a lo divino el propio Joaquín me la desbarataría con la fácil esgrima de sus versos. No hay Dios ni dioses en estas páginas: curado de espanto el autor no los necesita. Sus poemas sólo colateralmente serán el camino para entenderle a él, pues Joaquín no nos quiere decir nada de sí mismo, sino que nos quiere decir algo del mundo; no es poeta solipsista que nos describa su intimidad (el que esa subjetividad no le interesa suele ser el primer argumento de quienes no gustan de la poesía; y tienen razón). Si nos señala con su dedo el mundo, no miremos el dedo.

Una salvedad: parecería que el destino natural de esta obra sería quedarse en un círculo reducido, ser   recibida únicamente por público cautivo, amable. Llegar a los allegados. Y eso que el fuego amigo, presuntamente bondadoso, a veces atina con la crítica más dañina (sé de buena tinta que Joaquín también es seguidor de Cipolla). A todos ellos les sugiero: acercarse con tiento, no pensar, no juzgar si alguien a quien conocimos en el trabajo es capaz de escribir buena poesía y luego, hacer partícipes a otros.

Tengo que decirle a mi amigo que aún no he leído *Molloy* que él me regaló y definió (por este orden) como el libro más original que había leído nunca, lo que viniendo de él debería ser tomado como un apotegma a lo Harold Bloom. Quizá Joaquín lo ha recuperado de la estantería y lo ha releído antes de poner manos a la obra con sus océanos, convertido en un iconoclasta seguidor de Beckett, dispuesto con celo a desafiar las palabras del maestro: "No hay nada que expresar, nada con qué expresarlo, además de la obligación de hacerlo". Y ahí nos asalta la gran duda: ¿se habrá quedado satisfecho Joaquín Rodríguez con lo (no) expresado o se sentirá todavía atrapado por esa obligación apodíctica y soslayará su preferencia bartlebyana por no hacerlo para regalarnos una segunda entrega de estos volubles océanos que se alejan?

ENSOÑACIÓN

Es el punto exacto de la equidistancia,

donde los cuerpos

dejan de experimentar

la atracción de la gravedad

y quedan suspendidos en el aire,

lo que nos hace deudores

de la desolación

—o de los múltiples significados que aquí

adquiere la tristeza—

cuando las letras flotan livianas

como espirales de luz que,

sobre el pergamino

temblorosas se desdicen

y el poema se revela

a la mirada de quien nunca lo

leerá.

Donde dan la vuelta los océanos

POETA

Siempre estuve trabajando firmemente pero nunca lo llamé arte.

Leonard Cohen. *Happens To The Heart.*

El poeta expone sus muñones en una esquina del tiempo.

A cambio de vuestra limosna os ofrece migajas de magia,

pedazos de piedras de su ruina, coágulos de luz,

tal vez sordos conatos de rencor.

(Trasiega con vivos y muertos, ejerce su oficio

entre dos mundos recónditos profundamente

entrelazados).

A cambio de vuestra compasión

os regala evocaciones de mundos imperfectos,

secretos personales ocultos bajo polvo calcinado,

un número creciente de estrellas inorgánicas en las

que se astillan todos los matices del azul.

Jamás os vende humo, comercia solo con palabras y
verbos insondables que os liberan
del tiempo incesante que declina
inexorable hacia la noche de los tiempos.

No os pide limosnas para engañar al hambre,
sino para que le ayudéis a solventar
las deudas con su propia
identidad.

VECINOS

Un tupido bosque de madreselva

crece en la cerca del vecino.

Acónitos, azaleas y flores de lentisco

se disputan las rejas de la celosía.

Anidan en sus tejas felices los vencejos y el sol

inunda

sus paredes encaladas de espirales de luz

que allí se descomponen fugazmente.

Los atardeceres son cortinas que manos

enguantadas mueven

para ver a través de los cristales empañados

las luces cambiantes en el horizonte,

otear cualquier signo de vida que transite alrededor

o merodee

entre las sombras luminosas donde el día se

remansa.

Al sur limita con colinas en las que siempre

sopla el cierzo.

Aún en días de quietud adquiere vida la hojarasca
y en noches sin luna se oyen pasos encubiertos,
grifos que gotean, goznes que chirrían en el aire,
susurros de conversaciones
cuando se despiden las visitas,
un oscuro trajín de niños,
sábanas y funerales.

CORREDOR SIN RETORNO

Hablaba conmigo.

Me hacía preguntas que él mismo respondía

con cortantes monosílabos

—recurría a veces a los aforismos

para eludir la lógica del absurdo

que nos asediaba—.

Vigilaba insaciable mis sueños

como si quisiera abrir rendijas

en el oscuro pozo de mis pensamientos

ahogados en el letargo de los psicotrópicos.

Podía sentir su aliento cuando volvía la cabeza

con gesto de fastidio ante

el ruido de cerrojos y cisternas en la lejanía

de los corredores toda la noche iluminados

por estrellas de cobalto.

Sostenía entre sus manos un trozo de granito

como quien sostiene un diamante en bruto.

Creía ver en sus irisaciones

un mensaje subrepticio del espanto.
Allí jamás pasaba nada
y lo que había de pasar
jamás pasaba.

GEOGRAFÍA

Queda,
bajo la luz del flexo parpadeante,
la pátina sobre los mapas de amarillentos atlas
escolares.
Bajo la telaraña de los hemisferios
las salvajes cordilleras,
los afluentes insondables y los ríos,
el dibujo informe de aquellas extensiones
perdidas en el ártico.
Ciudades ignotas como Calcuta o Samarcanda,
océanos y lagos,
montañas pobladas de eremitas
y desfiladeros por los que
atravesaron regimientos ávidos de victorias y
oropeles.
Quedan
aquellas tardes invernales —cuando los días
venideros lejos quedaban de cualquier proclamación

de la belleza—

rellenando mapas mudos

como una nebulosa de códigos ocultos

y blasones carcomidos por el tiempo y la melancolía.

Queda,

furtiva y desolada,

la cartografía del recuerdo ya perdido en su propia

extenuación.

POÉTICA

Sintetiza el aire
las brasas de la nieve.
Se ocultan tras el aguacero
relámpagos de piedra
que siembran el paisaje
de estambres volátiles y temblorosos,
almas que su amor proclaman
y en la oscuridad se funden
y mueren inmortales
en medio de tinieblas.

Donde dan la vuelta los océanos

VIEJA CASA FAMILIAR

> *Os digo, pues, que la vida está en el*
> *espejo, y que vosotros sois el original,*
> *la muerte.*
> **César Vallejo. Trilce.**

Jinetes de ultramar adornan los lavafrutas

enmohecidos por los años.

En los respaldos de las sillas

destacan labradas las cabezas de conquistadores.

El polvo reina en los pasamanos y en los utensilios.

Una luz cenital atraviesa las ventanas,

proyecta irisaciones vegetales sobre el linóleo

y redobla la geometría de los escalones

mientras el ábrego humedece las lámparas

esmeriladas.

Afuera refulge un cielo moscovita

emulsionado en el noviembre que se acerca

y atraviesa los visillos con el paso aquiescente del

otoño.

En aquella casa permanecen
como daguerrotipos de ceniza
los acallados ecos de conversaciones
perdidas en la noche.
Susurran a mi espalda, espectrales,
los espejos.

DESPEDIDA

Solo creí saber que acaso un día
llegaría como un eco perdido del pasado
la imagen de tu rostro adolescente,
aquella prefiguración de lo que alguna vez
fue tu sonrisa.

Solo intentaba imaginar de nuevo
cómo era tu mirada cuando
te alejabas en un dorado atardecer de mayo
caminando en pos de una renuncia
encarnizada.

Donde dan la vuelta los océanos

AMANECER

Y una vez más vuelve el amanecer;

jaculatoria inmisericorde del asedio,

insomnes noches sobrevenidas

como una tempestad,

exterminio de las horas convertidas en instantes.

Fugacidad del tiempo, no

del sueño que en mi memoria se eterniza.

Donde dan la vuelta los océanos

ÉXTASIS

Bajo un manto de silencio

perdura, como el germen de una idea acaso,

el inicio de una conjetura.

Nunca supe describir

aquella extraña sensación,

unir los fragmentos de revelación

que explicaran el drama en el que se descompone

el universo,

ponerle un adjetivo exacto al éxtasis,

esbozar siquiera la mera intención

de sentir aletear su aliento

inexorable en mi propio desarraigo.

Donde dan la vuelta los océanos

INFANCIA

Recuerda cómo nos sorbíamos los mocos

antes de que las lágrimas

apagaran nuestras sonrisas

aquel verano interminable

de moscas estivales atrapadas en el pegamento

como negras horas de orfandad,

inconcebible herencia de un hastío

que aún perdura.

YO NUNCA

Yo nunca pedí que me trajeran

a este lugar de arcángeles petrificados,

nieve congelada en los umbrales,

chimeneas dobladas por vientos inclementes,

ventanales crucificados por rejas oxidadas

y silencios ignorados, hálito de bestias,

pasión convaleciente, susurros que apuñalan,

señuelos de esperanza, días y noches suplantadas,

muecas innombrables,

corazones ateridos,

devenir de espectros,

voces incesantes que transmiten órdenes precisas,

revólveres de plata, herencias de difuntos,

personalidades encubiertas,

paraíso de pozos donde arden jeringuillas,

miradas huidizas conteniendo el aliento

como niños asustados en la oscuridad
buscando en ángeles imaginarios
la suave luz de la misericordia.

Donde dan la vuelta los océanos

EN MIS MANOS

Porque ahora en mis manos,

bajo su piel translúcida, se mueve lentamente

el laberinto de la sangre,

el ímpetu del tiempo, acaso

la magnitud de lo vivido.

Porque fueron ellas, fue a través de su epitelio

como fui conociendo

el mundo.

Darle forma,

acariciarlo en la penumbra,

establecer los límites del horizonte

de su propia abdicación,

seguir mansamente los pliegues de otro cuerpo

con las yemas de los dedos

antes de llegar a ser capaz de darle

un nombre.

Donde dan la vuelta los océanos

SUICIDA

Cuántas veces llegué a lo más alto
para después caer en el olvido.
Deponga el recuerdo mis actos,
la memoria no revise ni enumere
aquellos desacatos reducidos a letras
de misivas victoriosas
—allí no encontraréis más que vileza—.

Ajustes de cuentas con la vida
como blasfemias
de la soledad en la intemperie,
nadie escudriñó buscando un último mensaje
oculto entre las nubes o en lo que
de su sombra aún permanece
en los márgenes del tiempo.
Sopla un aire gélido en lo más alto del puente.
Como un halcón veo pasar el río de la vida,

tren de mercancías

que desplaza en la espesura los ocres de la tarde,

antes de que la edad dorada sucumba

como un puente en el abismo dejando atrás

un futuro que se desvanece de forma

inexorable.

La noche anida heraldos,

cobija pájaros heridos.

    Tarde llega el nigromante.

JUVENTUD QUE DESVANECE

Cabalgan a lomos de la noche

eludiendo cualquier signo de vida

que pudiera delatarles.

No conocen sino la renuncia

de los corazones que idolatran la belleza,

ahora ya desmoronada

en las últimas hogueras

que se extinguen en la lejanía.

Los años transcurridos se desvanecen

como tumbas humeantes y

a su sepelio acuden raudos

los últimos heraldos.

El trueno en su fragor silencia

los ecos de aquellos días luminosos

en los que nos creíamos dueños y señores

de una eternidad arrebatada.

Donde dan la vuelta los océanos

GAMBITO

Luz de estancias satinadas

que se expanden más allá de la visión que

otorgan a los visitantes.

Surgen a intervalos inalcanzables las irisaciones

que jalonan las vidrieras

ordenadas por impares contraluces.

El tiempo se detuvo en el palacio

el día que decapitaron a la reina

—así es como el destino

sorprende a los arcángeles—.

Nada queda hoy del reguero de la sangre

y las huellas de sus manos

aún están bajo el estuco.

Todos los días practicamos trucos de escapismo

con camisas de fuerza a la manera de Houdini,

a quien desde aquí mandamos saludos entrañables.

Cuando terminan las dinámicas de grupos
el ambiente siempre huele a cloroformo.

DIMISIÓN

*Camina por las calles, ya tan lejanas, y el silencio
se hace majestuoso y todo ríe.*

Friedrich Hölderlin. *Poemas de la locura.*

Caminas solitario sorteando cuerpos por las calles y

las avenidas,

los pasos ralentizados por el viento de poniente.

El atardecer es un horizonte ensangrentado,

prefiguración de los latidos venideros

de la noche a la que no sobrevivirá

la sombra en la que petrificado habitas.

Sublimadas, olvidadas ya las palabras del oráculo,

—manos insurrectas habrán de cincelar en oro tu

infortunio—

roto el cerco de la esclavitud, caminas con firmeza

lapidaria

hacia una nueva rebelión,

tu corazón se sumerge en la espesura,

regresa al hálito.

Atrás quedan los gritos de los senadores,

las miradas ebrias de las huestes enardecidas,

los pasillos silenciados,

el fulgor de las capitulaciones.

La sed de justicia nunca tiene tregua

y la dimisión irrevocable

no es el bálsamo que esperaba tu rencor.

DESPEDIDA

Propuse

—no sin cierto tono de desdén

en la mirada—

que apilasen todos mis enseres.

En las arpilleras, dije,

metéis todos los utensilios

que ya no necesito.

Los libros dejadlos confinados.

Mantengo vivo su recuerdo.

Son rescoldos que jamás se extinguen.

Guardo en la memoria todos los poemas

que hablaban del amor y de la soledad.

Para este viaje ya no necesito las alforjas.

Sacadle brillo a mis espuelas.

ENCUENTRO

Ojos de hidromiel parecen clavarse

en el fondo palpitante de sus ojos.

El rímel es como un fulgor de ámbar,

una brecha de sangre su carmín.

Los signos del zodiaco parecen alinearse

al detener el tiempo su presencia.

Muda su piel conforme duran las presentaciones

—sierpe que nunca volverá a ser ella misma—.

y un gesto de impaciencia

enmudece sus palabras.

El profundo beso augura un lejano porvenir,

mientras en el aire estremecido

se desvanece el trallazo

de los tres surcos de su lengua.

TRAIDOR

De qué te servirán tus atributos
si sabes que con solo pronunciar tu nombre
tú mismo te delatarás.

NOS LO DEBES TODO

Tú que presumes de haberlo visto todo

y asumes con piedad

el ciclo de los acontecimientos

nos debes todo lo que estimas,

el reverso de tus sueños,

la vileza de tus actos,

el aire que respiras,

hasta la sombra inerte

en que nos convierten tus presentimientos

cada vez que tus pasos se detienen

en la tenue noche en que pervives

y te vuelves creyendo oír a tus espaldas

una voz que te llama y no es la tuya.

Siempre podemos hacer realidad

un nuevo infierno en esta vida.

Donde dan la vuelta los océanos

CANON ÁUREO

No hallarás el canon áureo en la palabra.

por más que rectifiques su sentido.

Solo si claudicas ante la definición del mundo

encontrarás en su apariencia

el verdadero sentido

del sueño que te sueña.

Donde dan la vuelta los océanos

ENFERMO

Las láminas del día se decantan

en los ángulos inertes del hospital.

En sus entrañas se transfiguran

los litigios de la fiebre

en tiempo detenido mientras desciendo al fondo

de noches cristalinas.

La pantalla que refleja la actividad eléctrica

de mi corazón parpadea a intervalos

en un fondo azul cobalto.

Un púlsar mortecino recorre irregular

un itinerario sin destino.

En medio del silencio imagino acantilados,

flujos de oceánicas mareas espumosas

golpeando en el fondo de mi lecho

contra los límites del universo,

el frágil parpadeo de tus ojos

observando la tenue luz del día

que se desvanece en mis retinas, el tacto de tu piel,

la quietud obsolescente de la vida
que aún me pertenece.

RESIDENCIA

La construcción que iba a ser un santuario

hoy es un orfanato para nómadas,

hospedaje para vidas acabadas

con recuerdos convertidos en susurros

de taberna, patrocinio de vínculos efímeros,

pasto agraz de funerales.

Allí la existencia se resuelve

en un laberinto insaciable de corredores

—donde un hálito

de estatuas mutiladas aún perdura en el silencio—

cubiertos por espejos deformantes,

distorsiones que engañan tu mirada

conforme avanzas buscando

una salida a ciegas

hasta dar con el espejo que tu rostro

transfigura en una calavera

que te muestra un vago rictus

de complicidad.

MEMORIA

Si te hostiga la furia
y la sangre te convoca
es porque aún te aferras
a los muertos del pasado,
vaticinios de la representación
en la que ahora sobrevives
abominando su oscura descendencia.

En tu memoria solo habitan
los hijos de la desesperación.

ELLA

Se mueve entre dos reinos.

Se conjura entre dos eternidades.

Apresura el paso, se te acerca

y se adueña de tu luz

cuando se la nombra

con cualquiera de sus nombres.

Donde dan la vuelta los océanos

AMOR FINAL

Se desvanecieron los años y todos los recuerdos
como una lluvia de estrellas fugaces —hoy apenas
simulacro de nubes escarlata donde el iris se cobija
convocado por la soledad—.

Recuerdo vagamente una luna estremecida
en los albores del Cáucaso, más allá
del territorio que perdimos entre sueños cruzados
por los vuelos elípticos de cigüeñas huyendo
entre ráfagas de lluvia y un légamo oceánico
cubriendo secretos que nunca fueron desvelados,
una mirada que atravesó mi corazón,
fríos atardeceres donde las alargadas sombras
de mendigos sin rumbo vagaban por las avenidas
bajo la circunspecta mirada de los cirujanos,
esa tibieza de la luz de agosto
empañando las murallas de la ciudad perdida.

Haz como si no hubiera sucedido,

como si la vida solo hubiera sido un paréntesis
entre dos aguas, un mero simulacro de felicidad,
fugaz destello del instante en que nos conocimos.
¿Cómo has dicho que me llamo?
—me susurró al oído con ternura—.

ARREPENTIMIENTO

Ciega, estéril es esa tarea

en la que cada noche te sumerges para

ir palpando los ladrillos del muro

—cabría aquí un esfuerzo desusado y desmedido,

una angustia imposible de corroborar—

buscando un recóndito resorte

que abra una brecha en medio de la oscuridad

y, al mismo tiempo, ir tapiando las ventanas

y las puertas de la casa

para evitar su ocupación por las ráfagas del viento

y los agentes de la propiedad o sus esbirros,

sin tener conciencia de que es imposible construir

con argamasa

castillos en el aire mientras se suceden las dinastías

en la larga historia del horror

que anega de aguas turbias

todas las estancias de tus sueños carcelarios,

sucedáneos de la pesadilla amurallada

que quieren asaltar

los visitantes venidos de ultramar
atravesando todos los océanos
que, en su ruta migratoria,
siguiendo el curso de menguantes lunas,
interpuso la desesperación.

Ciega, estéril es esa tarea en la que mañana,
en un acto de miserable pesadumbre,
una vez más te habrás de arrepentir.

IDILIO

Es el brillo de tus ojos el origen

que da forma a la armonía.

Reina fugaz de estos aposentos,

tu figura establece

el eje simétrico donde la luz sobrevuela

el atardecer, acaricia el brillo

esmerilado del cuchillo

que con sigilo escondes

a tu espalda,

convoca el oscuro escalofrío

de aquella premonición adolescente

cuando ni siquiera

habíamos llegado a imaginar,

en esta relación,

el desenlace que había de tener

un idilio envenenado.

MENSAJERO

Guardar las formas
de acuerdo a los usos establecidos.
Mantenerse firme en la renuncia.
Fijar la mirada en un punto fijo
de iluminación difusa.
Que ningún gesto clandestino
delate tu tristeza y tu desasosiego
y nadie aprecie falta de determinación
en tus ojos ausentes.
Las malas noticias siempre se barruntan
en el santuario.

En los pasillos apenas se mueven
las siluetas de las sombras
proyectadas en el mármol
y en el amanecer oscuro cabalga
el mensajero en cuyo rostro
se congela el silencioso
rictus de la muerte.

Donde dan la vuelta los océanos

GRIPE

Tiembla la laguna Estigia

en el fondo del vaso plateado.

Soldados húsares en miniatura

recorren incesantes la alacena,

sarracenos mercenarios les secundan.

La fiebre hace que rielen las imágenes

en los crepusculares temblores de la luz en el fondo

de unos zapatos

hendidos por las divisiones de la cifra de sus pasos.

Crepitan las brasas de la hoguera imaginada

en un ángulo de la chimenea.

Los vientos otoñales se cuelan

por el ojo de la cerradura sintetizando el aire

de una bocanada,

expirando mansamente en un sollozo.

La noche se precipita desde el techo y,

cenital e inconsolable, yace el silencio

amortiguado por los ecos de ventiscas mesetarias.

El regusto efervescente de la pócima

comienza a hacer efecto.

El mercurio desciende

y el tacto templado de una mano retira

los penachos de las nubes,

caballos plateados que se agolpan,

salvajes, en tu frente.

EL PATIO

*Suelo y muro están vírgenes de toda señal que
pudiera servir de punto dereferencia.*

Samuel Beckett. *En el cilindro.*

En el patio delinearon al azar

hipotenusas a partir de la espadaña

—corre el rumor de que trazaron una línea

imaginaria

desde la demarcación de Andrómeda—.

Alzaron tapias desde el hormigón

dibujando un rectángulo perfecto

en el que la luz realiza un recorrido

que atraviesa el ojo del campanario,

muere en el muro que se tiende hacia el oeste y

escamotea todo vestigio de oquedad y de elegancia.

La composición obedece a las leyes internas

de un claustro medieval —cómo no sucumbir

a la armonía de lo que pudo ser,

pero no fue, la sala capitular—

huérfano de columnatas,
adornado solo de hornacinas
de gélido aire comprimido.
El borde de los muros lo coronan
espirales de cobre cargadas
de cuchillas afiladas.
Alambradas por las que transcurre
un flujo de corriente alterna
reducen los cuerpos a esqueletos de humo
al más leve contacto.

Ni el suelo ni el muro
ofrecen puntos de referencia compatibles
con el inicio de una posible escalada hacia la ansiada
libertad.

SUEÑO

Brillaban en la sombra
pupilas como ascuas.
Al llegar al otro lado de la bruma
tenía la ropa hecha jirones
y el rostro manchado de plata.
Perdieron la visión mis ojos
ante la ficción del espejismo.
La próxima vez no haré
el mismo recorrido.
Saldré del sueño por la ruta
de la esfinge.

INSOMNIO

A ciertas horas de la noche,

no necesariamente supeditadas

a la oscuridad,

puedo oír a las arañas tejer sus telas

de seda satinada (ese sudario que acelera

la cicatrización de las heridas).

El insomnio devora con la vista

todo lo que queda fuera de su alcance.

Se expande como las telarañas

desde las Nubes de Magallanes hasta

los océanos de polvo donde nace la Vía Láctea.

Suyo es el firmamento hasta el albor de plata.

Paraliza sin piedad a las estrellas.

VIGILIA

Algunas noches se oyen susurros que recorren
como un eco mortecino las tuberías que atraviesan
indolentes todas las estancias.
A veces pienso si no serán imaginaciones mías
pero debo estar alerta, sobre todo
ante objetos o sucesos que nunca han existido,
porque podrían resurgir como brasas vivientes
y tomar conciencia de que todo el mundo
está a expensas de una adversidad proveniente
de suburbios en los que brillan en la noche ojos
asesinos.
La tenue luz de seguridad
parece apaciguar la sensación de pánico
que irradia del trajín de los cuerpos inertes
ajenos a la potestad cruel de los delirios que nos
unifican.
Observo allí los cuerpos alineados
como capullos de seda

a lo largo de los pabellones.

Resurgirán de sus muertes homogéneas

y volverán a ser nuestro consuelo.

Darán otro sentido a mi vida cuando mañana inicie

la ofrenda al luto de un nuevo desarraigo.

NEGRA

El brillo inerte de la hoja de un cuchillo,

el fulgor de la pólvora tras la bala,

el espanto de los rostros ante el fuego,

las brutales señales de la ansiedad ante el naufragio,

el reguero de la sangre deslizándose

por la columna vertebral,

hasta la forma cóncava

de la mano que atenaza un cuello

o los más fugaces movimientos previos al ataque,

los veredictos del jurado,

el cotejo de las pruebas y

la verosimilitud de los indicios,

la ejecución de las sentencias,

el eco remoto de la culpa,

las huellas perdidas tras las evasiones,

el signo taciturno de las profecías.

Todos los actos y todos los escalofríos

se traducen en palabras

a las que eternamente sobrevivo

atenazado por la más aciaga iniquidad.

DESAHUCIO

Siente un escalofrío
de alas fantasmales a su espalda
conforme lee en la penumbra
las cláusulas de su destierro.
Lenguas de piedra emergen
de su boca entumecida.
Los racimos de la noche aún
abrazan los cimientos.
Crujen los pilares hacia el polvo.
Llaman a su puerta con furia
los usurpadores.

Donde dan la vuelta los océanos

LLAMADA

Llamaron a la puerta
los cuatro yernos de la muerte.
Enmudeció el canario,
no así el cuervo.

FUGA (STRETTO)

Fue de los últimos en llegar.

Ocupó uno de los habitáculos del corredor

orientado hacia poniente. Allí los atardeceres

hacían brillar haces dorados en los ventanales

y los enfermeros resolvían jeroglíficos

e inoculaban en tus venas

los gérmenes de la caducidad.

Mantenía siempre una actitud solemne,

heredera de una soledad vitalicia —su desazón no

era arbitraria, era una prefiguración de su destino—.

Rielaba en sus dientes el acero y

nunca se afeitaba.

Si le mirabas a los ojos

tu imagen no se reflejaba en sus pupilas.

Ceguera selectiva, decían los facultativos.

Estaba obsesionado con la aluminosis —la

comparaba

con la erosión de un liquen asesino—.

Estudiaba con fruición las grietas buscando

cualquier vestigio de desgaste,

la degradación de la policromía.

Olfateaba en las fisuras

las exudaciones subterráneas

de la humedad, el sordo inicio

de la oxidación,

el talón de Aquiles de la mampostería.

Cumplía a rajatabla todas y cada una

de las cláusulas del reglamento

hasta que una noche, como por ensalmo,

desapareció sin dejar rastro.

Tras varios días de infructuosas averiguaciones

llegó una orden que prohibía terminantemente

todos los espejos.

MISIVA

(Resto epistolar hallado en una papelera)

Y desde aquel entonces
surgieron por azar los desencuentros
y, como en un abrir y cerrar de ojos,
destituyeron la dicha que no podía perdurar
puesto que ya estaba escrito
que el amor prescribe, me dijiste,
como también lo hace la vida.

¡Eterno sea el dolor
que acompañe siempre a los invictos!

OTOÑO

Majestuosas brillan las estrellas

en los planos tangenciales

de la noche.

Rompen el silencio

frágiles pedazos de pintura

que van cayendo como lágrimas de cal

sobre las baldosas,

hojas yertas cautivas de un otoño

desgarrador e imprevisible,

signo irrefutable

de la ruina de este entorno

que ya no es más que el fiel reflejo

de la senectud que lenta,

fatigosamente,

hemos incubado.

Donde dan la vuelta los océanos

PASEO FORESTAL

Al menos tres días a la semana la institución
promueve salidas forestales.
Conocidos son,
desde los albores de las medicinas orientales,
los beneficios para reducir los índices de estrés
y engrasar los corazones —vencer definitivamente
el sordo avance del colesterol—.

Los árboles alzados sobre los andamios de las flores
y el humus de almendras espumosas
reducen los odios que a menudo
incuban nuestras almas.
Al amanecer toman el sendero
que deja atrás las sombras blancas de la fortaleza
adentrándose en el bosque de los álamos plateados.
Incandescentes, brillan jazmines y amapolas
bajo el vuelo rasante de libélulas de acero
en cuyas alas majestuosas
refulgen ondas diminutas doradas por el sol.

Suena a lo lejos la música cautiva
de las chicharras y los cormoranes
y el tiempo se detiene
al oírse lejana una estampida,
preludio del vuelo inusitado de los grajos
oscureciendo torpemente la mañana.

El grupo de los paseantes se detuvo
formando un circulo perfecto alrededor
de la escena del crimen.
Yacía en el centro el cadáver de una mujer
con un agujero de pólvora en la frente.
Aún salían trinos del hueco de su boca.

EMIGRACIÓN

Ya no basta con leer los signos
del derrumbamiento.
Su gemido invoca la tristeza
de la ciudad perdida,
sus blasones y estandartes bajo el polvo
la humillación de la derrota
y, una vez más, la migración
—el mar de fondo, la ausencia—
de los equipajes de arena
buscando otro confín.

Donde dan la vuelta los océanos

CLIMA

Los aires se están enfriando
Las noches están crujiendo

Josh Ritter. *Homecoming.*

Vagos signos precursores

de un nuevo milenio que resucita

vanamente ocultan la intención que los dirige.

Se les une el detritus de la lluvia

en los atardeceres de ceniza previos al deshielo.

Vientos ancestrales mecen los barcos

bajo las embestidas de olas oceánicas

en las que palpita la vejiga azul del agua.

Henchidas de hollín se desintegran las nubes en el

Bósforo.

El vaho proveniente de los cristales de Urano

se desploma letal en los desiertos.

Un negro fragor de proyectiles

atraviesa la barrera del sonido

en trayectorias sin rumbo.

En océanos congelados se reflejan

las luces últimas del universo.

Ciudades enteras, arrasadas por constelaciones

se sumergen en la desolación de aguas

antaño cristalinas.

MAR DEL DIABLO

La luz rebota sobre las rosas boreales

de las cartas náuticas diseminadas por el suelo.

Faros de luz imaginaria reflejan su tormento

en la oscuridad de un mar cubierto de sargazos.

Los sextantes dormitan como brillantes brocales

buscando en los espejos

el signo de los astros en el alba.

El fondo del mar aúlla a babor

y la aparente quietud del horizonte

deja adivinar

las espumas nacientes de los huracanes,

las flotas abandonadas a su suerte

donde dan la vuelta los océanos.

Se barrunta un nuevo abordaje

en medio de la oscuridad.

Navegamos sin rumbo como náufragos.

Sobrevivimos entre dos fuegos

como apátridas.

Donde dan la vuelta los océanos

CÓNCLAVE

En el ala norte de la residencia

caían como moscas.

Su orientación hacia los albores

de la estrella polar, la influencia sorda

del eje de rotación de la tierra

y el polvo lunar que invade los crepúsculos

sobre todo, en el invierno,

explican de forma figurada esta extraña casuística.

El cónclave sobre asuntos especiales,

reunido al efecto con urgencia,

estableció este tema como primer

punto del día.

Al abrirse la sesión, antes de que nadie

hubiera dicho nada, el subsecretario

ya había levantado acta

y redactado uno a uno todos los pormenores

sin perder el tiempo en correcciones ortográficas.

Cuando se levantó la sesión

el presidente de bienestar social

y fomento de salud

dio fe de que la muerte

no admite subterfugios.

La muerte, dijo con aplomo,

siempre es prematura.

Los cuerpos son incinerados y las cenizas

se aventan cuando sopla el cierzo.

No tenemos presupuesto

para mantener las hornacinas y los columbarios.

FUE

De la llama que fuimos nos queda
el vestigio azul del humo.
De la mirada un párpado
abatido por la bruma
y de la voz el eco mortecino
en el que fuimos
pasto de la vida.

Donde dan la vuelta los océanos

RUMBO

Alza aquí, ante el mar,

su nombre y sus estandartes.

Los barcos, estuario arriba,

surcan hacia la lejanía sobre

el apagado mármol de las aguas.

Se antoja un periplo endemoniado carente

de objetivos a los que puedan aferrarse.

Siguiendo órdenes erráticas se ha prefigurado

un rumbo a tientas

hacia el tibio suroeste,

donde el sol se apiada de las ideas

visionarias de los marineros y

suaviza los efectos de la esclavitud.

La posibilidad de un retorno a los hogares

es un caos acuoso de lágrimas encadenadas

—epopeya de una deserción

tributaria del olvido y la miseria—.

Atrás quedan las ruinas cubiertas de maleza,

los fuegos fatuos
llameando en círculos sobre las tumbas colectivas.

Observando el mar en calma,
las velas empapadas por los aguaceros,
asoma en sus ojos el obsceno fulgor
de los conquistadores.

ANCIANO

Vencido estaba asiendo con fervor

la empuñadura de su litúrgico bastón labrado,

perdida la mirada en el fulgor

de plata ennegrecida que las nubes de poniente

desprendían cual corazas vencidas

por el óxido del tiempo.

Asomaban en su rostro

las cifras acalladas de su cautiverio,

las voces hoy cercanas de una infancia

que en silencio emerge

y resucita y ya no le reconoce.

Había ido tomando notas al alzar

ante el progresivo derrumbe del tiempo

que se afirmaba en los surcos de su rostro

cada vez más empequeñecido,

como una nuez que mermaba bajo la corteza

siguiendo el curso inverso de su ciclo vegetal.

Sus ojos horadaban la luz del día
aferrados a las mudas cicatrices
que atrás dejaron
los recuerdos infantiles,
rotas notas musicales
de esa triste balada que es la vida
cuando ya nada perdura,
ni su nombre ni el olvido.

LUZ DE LUNA

Presagio de la luz

que invoca aquí tanta armonía,

acopio de la luna

su estricta soledad imperturbable

en medio de la soledad que nos aflige.

Espejos rotos en la noche —enjambre

de luciérnagas ardientes—

descomponen las imágenes del crimen,

los aullidos apagados del eclipse

donde aquel fue perpetrado.

Nunca pidas fuego a un asesino.

Te abrirá las puertas del infierno.

ÁNGEL

Reconocedlo, dijo antes de desaparecer
dejando un rastro de plumas humeantes,
todos somos ángeles caídos
y en la muerte nadie nos suplanta.

Donde dan la vuelta los océanos

TIEMPO

Tal vez porque la rutina

me ha hecho esclavo de mi propio devenir

jamás me había fijado en esa

disolución acuosa de los días,

en el sonido monocorde del reloj,

en la terca creación de pulsaciones que van

generando líneas de tiempo —llagas

de la soledad acuñadas en la nieve como huellas

del pasado—

despertares como desahucios sobrevenidos,

distintas muertes en una sola muerte,

sabio olvido.

Donde dan la vuelta los océanos

NOSTALGIA

Nada se muestra en su más pura armonía
hasta que el atardecer lleva al sol al borde
de una nube solitaria y tras su estela
desaparece lentamente.
Perfila entonces una luz meridiana,
asombro de múltiples sombras chinescas
proyectadas sobre el pavimento de las calles,
notas musicales que se deslizan y aletean
y te sobrecogen
como un pájaro que vuela alto
en lo más alto del día.

Donde dan la vuelta los océanos

ACOGIDA

Aquietarse aquí en el orfanato
debajo de las mantas y debajo de la noche
que de la noche abdica.
Mirar a través de las ventanas
el estremecimiento de los árboles
azotados por el viento.
Abrir la puerta para dejar que
los rayos de la luna
acaricien las baldosas
acallen hasta el alba la embestida
de esas respiraciones que te adentran
en miedos enlutados,
en una fraternidad de escuálidos jinetes
procedentes de otro tiempo.
Tiene que llegar un día en que alguien,
desde una lejana arqueología,
resurja como un relámpago
del aguacero de las sombras

y, traspasando el quicio

de estos aposentos,

me acoja y me ame

de una forma infatigable.

Háblame otra vez de la desolación.

INMÓVIL

Avanzamos topando con las paredes,

cegados por la blancura que de la cal emerge

como si estuviera amaneciendo.

A todas horas luce el alba,

se desatan las alarmas y despiertan

los mecanismos que corren todos los cerrojos

y entonces ya no puedes desandar

el camino que empezaste.

Los fémures no te responden.

Tratas en vano de sortear

a la muchedumbre que te arrolla.

Desearías haber sido un saltador de pértiga

pero ya no te queda espacio sino tiempo.

La imagen del movimiento ahora es una foto fija

parpadeando en el fondo de la habitación.

Amanece otro día en un más allá

de pasos enloquecidos y salidas taponadas.

El musgo coloniza tu piel, tu boca y tus palabras

y toda la naturaleza va tiñéndose

de un verde hierba

más luminoso que la luz.

En un ángulo oscuro

la sombra de la pértiga de plata

dibuja sobre el suelo las líneas muertas

de un reloj de sol incandescente.

BELLADONA

He de suponer,

me siento a ello impelido,

que debo sufragar con lágrimas

los días en los que remo

a favor del viento y vislumbro

más allá del horizonte azul

el vuelo solitario del águila de fuego,

los círculos que traza dibujando entre las nubes

los planos del imperio que algún día

heredaré,

la riqueza inabarcable que el destino

prescrito por el hechicero

me ha forjado.

¿Quién de vosotros no ha visto

volar corceles blancos en días de tormenta?

EDAFÓN

¿Cómo podríamos retroceder ahora?
Se agolpaban las imágenes de las naves
arando los océanos para extraer semillas de plancton.
Éramos jóvenes e inexpertos y
apenas sabíamos leer los contadores Geiger.

Todo el espacio se transfigura
en una línea magnética
formada por los restos de las trayectorias
de ballestas estelares.
Mirábamos atónitos la oscura noche de los tiempos
como quien mira las olas batir
contra el acantilado convertida su espuma
en rayos de soles prematuros.
Nos estábamos transformando en seres pretéritos,
las esferas digitales parpadeaban sin cesar
y el silencio era el trámite de la
detonación muda de un último latido,

su cápsula apagada,
un pozo de aire devastado.

Hubo un tiempo en que corríamos alegres
bajo nubes desgarradas en las cumbres
pisando charcos de hielo entre los vendavales.

POESÍA

La técnica es conocida desde hace siglos y

básicamente

consiste en extraer las vísceras y vaciar el cerebro

a través de las fosas nasales.

Los vacíos intersticiales se desecan con resinas

y aceites de cedro perfumados y la humedad

con cristales de bicarbonato.

Verbos, adjetivos, frases enteras,

ideas preconcebidas, ensoñaciones, promesas,

adverbios, recuerdos y deseos,

mensajes, proyectos y designios,

adornos literarios, manuales de estilo,

tesis y resoluciones han de revisarse a conciencia

para reducirlos al estado mercurial de la crisálida,

ceñirlos a un nuevo sudario.

Todo ha de ser eviscerado excepto el corazón,

órgano que no se puede embalsamar

porque en él reside la poesía,

el último estremecimiento.

CIEGA LUNA

La luna brilla en lo más alto

del punto que declina hacia el oeste.

La noche suavemente ciega

el perfil del horizonte

—su sutil presentimiento—.

Vibran a lo lejos brisas que beben

de los charcos anclados en los pastizales.

Apagada la fogata, el heno

absorbe la fragancia que la luna llena

exhala —indeleble goteo

que sus pétalos destilan—,

silencio contenido que precede al eclipse

que cegará la luna a la mirada

y abrirá la noche a los licántropos.

No desembridéis a los caballos,

el bosque está infectado de nativos.

(Y tiran a dar los muy cabrones).

TARDE

Tarde extendida —venablos
de la ausencia—, sábana de nieve
sobre tumbas
azotadas por ventiscas.
Ningún superviviente, excepto
el perro de la cicatriz de ámbar
buscando guarecerse en el regazo
negro de la noche.

Guadañas del aire,
—saltan chispas de su filo—
que las fogatas de la luna
hacen enmudecer
en la solemnidad del páramo.

Diáspora de sombras
hacia otro amanecer
donde no anida la furia,
donde no habita el olvido.

Donde dan la vuelta los océanos

PERSECUCIÓN

Por esa flagrante debilidad

de las grietas de tus labios

en las que el sol puede beber

el agua fresca que nace de las llaves

de los juncos en la sombra,

seguí tu rastro en calles

que siempre desembocan

en atardeceres devastados.

No sé tu nombre,

pero podría adivinarlo.

CELEBRACIÓN

En el tibio regazo del crepúsculo,
abrazados ante las cenizas de la hoguera
que se apaga cada día,
ebrios e implacables celebramos que
nos habría cautivado la vida que una vez
nos merecimos.

REGRESO

Como si no hubiese más luz
que la del sol que ahora ilumina
dime que no caíste en la ignominia,
que no desatendiste las tareas
que los dioses proclamaron,
que no pensaste que lloraría tus ausencias
—nadie permanece
tan unido a ti como quien nunca ha de volver—,
víctima acaso de las heridas que el amor inflige
llevando tu recuerdo al estupor.

Dime que si tomaste el camino de regreso
fue porque anhelabas dejar atrás
el camino de la deserción,
aquel delirio en que te afirmabas con crueldad.
O mejor no digas nada.
Devuélveme el salvoconducto a la resurrección.

ESPEJO DE VENUS

Nacida de los cristales de alcanfor
la mariposa de la noche con sus alas amarillas
sutilmente rozó tus labios como si libara
de su palidez la lenta extenuación del día.

Al borde de la comisura apareció
la rosácea flor del herpes,
—translúcida cicatriz de coral azucarado,
muda señal de tu declive—,
punto de luz anclado en el fondo del espejo
en el que siempre tu belleza —piélago de jade
donde se oculta la dehiscencia
de tu felicidad y tu desdén,
el precio irrefutable de tu vanidad—.
acaparó del pétalo su más honda dulzura.

De él resurge en la retina
—allí dibuja un pliegue—
la negra nube hostil

que proclamó la edad del tiempo
—la ávida constelación de tu destino—.

En las sombras acecha

la presencia oscura de lo sórdido,

la impúdica señal

de su fatal advenimiento.

ESPEJO

a veces en la tarde los empaña
el Hálito de un hombre que no ha
muerto.

Jorge Luis Borges. *Los espejos.*

Necrosis progresiva de esa imagen

que te observa furtivamente hostil

desde el fondo arcano de las sombras.

Adolece de cualquier atisbo humano

de presencia, vela tus sueños y el desconcierto

de los rasgos que te transfiguran.

Aún permutando sucesivos puntos de vista

evitando que los planos desnaturalicen

tus facciones —ya de por sí siniestras—,

siempre verás a un desconocido que,

por encima de tu hombro, observa

atentamente como la dehiscencia del espejo

te convierte alternativamente

en tus contrarios.

Donde dan la vuelta los océanos

RONDA NOCTURNA

Reina entonces la inquietud
de noches eléctricas,
oculto refugio de espectros insomnes
y huellas de aligátor.

La ronda nocturna
persigue los ecos que repiten tu nombre,
hasta que la noche enmudece
cuando los salmos del día
invocan otra vez la dulce
anunciación del alba.

ENIGMA

A juzgar por la forma

en que las nubes se van solidificando

y que en las llaves

brillan fuegos de San Telmo

ya nada nos impide

anunciar un nuevo vaticinio,

ahora que nadie se lo espera.

MEDIODÍA

En la orilla de la ciénaga

translucen las piedras pulidas por la bruma

(de su destello nacerá un nenúfar,

de su raíz un verbo apasionado).

Se oye la renacida pastoral del gorrión en los contornos

de los juncos y los aligustres cubiertos de rocío.

Se siente la desabastecida luz cuyo fulgor te hiere

cuando tus ojos persiguen en la lámina del agua

los trazos de su perfil sonoro

bajo el dulce sol del mediodía

y tu sonrisa

—parteluz de plata que los trinos atraviesan

jugando con los aires de la revelación—

se funde con el mestizaje de las horas

en el dulce,

imperturbable,

frenesí del día.

LLUEVE

Llueve sobre dársenas interminables

perdidas en el aliento despoblado de la noche

y la lluvia empapa tus ojos destino abajo,

amigo dorsal,

amigo imbricado en esta postrer brecha

de luz teñida de amargura.

Llueve

y la lluvia se adhiere a tus sienes

y un álgebra de equidistancias

se esfuerza por sobrevivir

en los últimos distritos de tu pensamiento.

Llueve enteramente

sobre las viejas madres de la humanidad

mientras sigues enfrascado en tu juego favorito,

la perpetuación fugitiva de un equinoccio suicida,

el cuásar del tiempo transformado en una

solemne carcajada.

Lo sé, lo sé.

Te estás muriendo y has de ser breve.

Donde dan la vuelta los océanos

Lo sé, lo sé.

Te estás muriendo y has de ser breve.

EL DÍA

Sujeto por cuerdas de cáñamo

ajadas por el voraz paso del tiempo,

cuarteada su piel por el desuso,

bisagras melladas,

esquinazos roídos,

telarañas cubiertas por el polvo,

llaves de latón ennegrecido,

pétalos de lluvia en sus esquinas,

descendía fantasmal la niebla a los legajos apilados

en su interior carcomido por los hongos.

El día llegó como un baúl desvencijado

cargado de incertidumbre,

lastrado por el peso atroz

de un presagio irreparable.

Si la poderosa luz de la mañana

y el suave despertar coinciden y del sueño emerges,

que de la quimera que adornó tu infancia

ya nada ni nadie sobreviva.

Donde dan la vuelta los océanos

RECUERDO

Convoca la indemne luz en que rebosa
indómita la nieve, después disuelta
en agua vespertina.
Extrae —acaso liba— como mariposa
el néctar que mana de la herida
de tu boca mordida por un beso
aquella tibia tarde de noviembre
en que nos dio cobijo la tormenta,
despojo del otoño, savia destilada
de un recuerdo que nunca compartimos.

Donde dan la vuelta los océanos

PROVERBIO

La escritura puede que te salve
del naufragio de la vida,
pero no pretendas que la vida otorgue
legitimidad a tus palabras.

El mundo no tiene piedad con los poetas,
solo encuentra la piedad en las floristerías.

BARTLEBY

... el más extraño que yo he visto o de quien
tenga noticia.

Herman Melville. *Bartleby el escribiente.*

Puedo evocar a la tristeza

como bálsamo contra la adversidad, establecer

también un férreo vínculo

con todo cuanto pude hacer

y preferí no hacerlo.

Los hechos refrendan el derrumbamiento

ahora que llegado a este punto

no me reconozco, no soy capaz de hallar

las palabras que den brillo a este presente

que me niega el futuro que

en algún momento pude anhelar.

Tomé siempre caminos

que llevaban al abismo

donde mueren los imperios

y las trashumancias

y puedo confirmaros uno a uno

todos mis errores

narrados en legajos

con la triste caligrafía de la lluvia.

Atrás quedan ausentes

las lágrimas que derramé,

ahora espasmos vitalicios

de días que nunca fueron memorables.

SALA DE ESPERA

Como escogida por una mano de agua

que bordeó su tallo sutilmente

tiembla en el jarrón de porcelana

una orquídea azul,

un mudo fragor de telarañas.

La oblicua luz de la tarde

se desmorona ajada

sobre sus estambres nacarados

con ese subalterno estremecimiento

que solo tienen los domingos en abril.

La luz del cielo nos asista,

de armonía nos dote la clausura

mientras el silencio dirime otra derrota.

PAISAJE

No todo se detiene cuando

quedan sepultados bajo la nieve

los pasos perdidos de los agrimensores.

Allí también se observan, a los lados del camino,

las huellas cuneiformes que dejaron

los pájaros de mal agüero como vestigios

sagrados de lo sórdido en la despiadada belleza

que grabó el paisaje en tu memoria.

Donde dan la vuelta los océanos

ASAMBLEA

Nada nos apasiona tanto
como dar las órdenes precisas,
encauzar las emociones, dar esperanzas
a los desesperados,
llevar a los pueblos a la extenuación,
mostrarles el camino hacia la gloria,
porque fuimos elegidos y ungidos
para calmar el ansia fratricida de los dioses
y templar su hostilidad hacia la tierra.
Pasaremos a los anales de la historia y
nuestro nombre se recordará en un
cenotafio.

Al salir de la asamblea de los sabios
aún resonaban los aplausos en su mente.

Extendió la mano barruntando lluvia.
Los casquillos de las balas caían sobre las moquetas
como diamantes de granizo sobre terciopelo.

Donde dan la vuelta los océanos

LOS ESPEJOS HABITADOS

Sortilegio de chavales saltando sobre charcos
indolentes a los dientes congelados del invierno,
almanaque de viajeros en el tiempo,
disolvente de las sombras del pasado,
resumen de las fases de la luna arrastradas
al peinar las cabelleras, reflejo de espejismos
que burlan al destino, deslumbrantes mareas
golpeando incesantes los plateados
arrecifes de coral.

En los espejos,
a lo largo de las interminables galerías,
las imágenes de todo lo vivido inundan
su fondo ahumado de presencias
que enmudecen y callan todo lo que saben,
—los deseos que cobija tu mirada
cada vez que tus pasos se acercan—
y sienten el vaho que emana de tu boca
al contacto con su piel translúcida,

allí donde tu vida discurre inexorable
por la oscura senda de la esclavitud.

IUBILUM

Ha llegado ya el momento

de destruir tanto legajo,

cláusulas, diplomas y menciones,

reseñas de currículos,

cartas de amor sin matasellos,

contratos de trabajo

recibos de la luz y del ayuntamiento

extractos de cuentas bancarias

facturas pagadas hace años

tarjetas navideñas

demandas judiciales

la foto de la comunión

el libro de escolaridad obligatorio.

Ojo con las radiografías,

estas se deben de quemar aparte

evitando el reflujo de la chispa, su torpe llamarada.

Se puede hacinar todo en un sudario

y en leña de nogal prenderle fuego.

Cuando las llamas crepiten

y simulen la boca del averno

vas añadiendo poco a poco

aquellos manuscritos,

novelas inconclusas con las que

pretendías convertirte en un best seller

y poemas mortecinos en los que anidaba subrayado

el germen del rencor.

Rásgalos previamente para facilitar

su combustión y los echas a la pira.

Con un palo de aligustre —conocida es su dureza—

remueve las brasas lentamente.

Haz que las ascuas dibujen la forma de la zarza,

que las volutas del humo se deshagan en centellas

verdes y azuladas.

Una vez termines,

esparce las cenizas en el huerto

—vienen bien para el ajo y las acelgas—

y celebra altivo

tu liberación.

SUPONGO

Supongo —no sin cierto temor

a equivocarme— que el poema

alberga en su seno un cierto poso de heroísmo,

pero algo me dice que todo lo que allí discurre

obedece a una endiablada confabulación donde

dudosos mimetismos de la memoria

otorgan entidad a los deseos insatisfechos

cuya luz se degrada, hoy hostigada,

por todas las palabras que nunca serás

capaz de pronunciar.

Donde dan la vuelta los océanos

EXPEDICIÓN

No hemos llegado hasta aquí

para conjurarnos ante la desolación.

Apretamos el paso cuando nos vimos

inmersos en la encrucijada

y se volvió loco el cartógrafo

al ver que todos los senderos llevaban al abismo.

Fue una decisión desesperada arrear a los caballos

en busca de una salvación inexistente.

Tenemos delante otro desierto

y todo el polvo que nos cubre

y no sabemos ni siquiera darle un nombre a la sed

ni a la indeterminada duración de la llanura.

Nos tendieron una emboscada

y nos hemos convertido en nuestros propios

enemigos.

Vamos a morir de lejos buscando la estrella polar

en el punto justo de su destrucción,

donde se gestó la triste gloria que nos prometieron.

Donde dan la vuelta los océanos

HORIZONTE

Se abre la puerta al páramo

ante el desconsuelo de la partida

que augurios de muerte quisieron jalonar

alrededor de un último acto de misericordia.

El estupor se adueña del contorno

ciñendo la franja quebradiza

que del horizonte de tejados queda

en la ebriedad del otoño parisino

mientras un aire funeral se cierne

sobre las estatuas que habitan la alameda.

Allí, resto estepario de inaplazable soledad,

un horizonte de chimeneas, humos de lentitud

que en parsimoniosa calma se conjuran,

expande vahos adormecidos

de la noche silenciosa que, en los cristales,

hacia la nada tibiamente se escabullen.

Donde dan la vuelta los océanos

FORTALEZA

Se podría definir con amplias curvaturas

la agrimensura de la fortaleza

sin poder establecer un límite preciso a su extensión,

por no hablar del fondo de las catacumbas

donde ancla sus cimientos

o de los contrafuertes

donde el aguacero ha ido labrando

minúsculos senderos

en los que solo habita el musgo.

Los líquenes de las piedras

acarician con manos ateridas

los vigilantes que recorren en silencio sus adarves.

Se siente el frío viento procedente

de neveros en el fondo de las cumbres.

Exhaustas palomas mensajeras

zigzaguean en el viento y por las escalinatas

ruedan convertidas en ángeles caídos

de alas llameantes.

Vigilan con mirada envenenada

la vida que bulle conjurada entre las sombras.

Esperan una sola orden

para cumplir con el destino

y terminar con la convocatoria.

La luz del sol se divide en las almenas.

Sus planos cenitales se ordenan

al compás de secretas enumeraciones,

contraluz de frías tumbas

que se pierden en la nada.

EDECÁN

Desplegad los cañones formando líneas tangenciales

de forma que la trayectoria impacte de lleno

en las torres de la fortaleza.

Que la cadencia del tiro mantenga a raya

a su caballería.

Cegad los matacanes, derribad las atalayas,

abrid brechas en las murallas, allanad los baluartes,

gritaba Napoleón desgañitándose como

un loco en la colina donde antaño

levitaba una efigie de John Lennon.

En la retaguardia

los matemáticos iban sumando

con desdén el número creciente de los desertores,

apilados sus cuerpos en caminos de sirga

alrededor de los pantanos y los cementerios.

Me estrené en el cargo de edecán de Bonaparte

conmemorando un nuevo Apocalipsis.

Volaban enloquecidos cuervos negros

en el cielo de mi paladar.

CARONTE

Los vigilantes devoraban bocadillos
como buitres en las atalayas.
Preñados de entusiasmo decían
que el ala sur comunicaba con una laguna
de aguas traicioneras
en la que un tipo, aficionado a la numismática,
se ganaba la vida transportando muertos
bajo los eclipses en una barca carcomida
por la herrumbre de los siglos.
Ese tipo, clamaban, jamás había conocido
lo que es el desempleo
ni había oído hablar en su vida
de la encuesta de población activa.

No os podéis imaginar cómo odiaba este lugar
plagado de poetas en ciernes y malditos
impermeables a todo atisbo de piedad.

En mi mente, en su interior más profundo,

yo sólo suplicaba a los arcángeles:

Por favor, no deis pábulo a tanta habladuría,

haced que nuestra muerte

se convierta en un secreto inexpugnable.

VERANO

Fruto de aquellos naufragios

quedan los despojos de este día.

Se pueden ver al sol varados en la orilla

los vientres de madera carcomidos

por la sal que los sepulta.

Aún les cubren las algas con su manto

perfumado por los amaneceres

surgidos de las singladuras de la noche.

Rompen las gaviotas el silencio,

se agotan en sus vuelos quejumbrosos

los últimos vestigios del verano.

Erige la brisa un mar de fondo donde

se escalonan los suspiros de la lejanía,

veo con qué pausada nitidez se desvanecen

tus huellas

con cada paso que das sobre la arena

despojando de nubes el paisaje.

ROSA

Quién sabe si lo que ahora observo
es una luna reluciente, su reflejo
cautivo en la luna del armario,
creyendo que la lejanía suscita
un gélido arco iris tras los ecos
del trueno que se expande en la llanura
donde pastan los antílopes.

El aroma de la trementina invade
los ocres de los claroscuros,
difumina el pan de oro, los cielos violáceos
y los filamentos de la luz
en pos de una armonía
que solo puede poseer
la oscura rosa de los vientos.

TUMBA ANÓNIMA

Sobre la lápida
de una tumba sin nombre
se aferra el liquen del tiempo carcomido.
Nadie te reconoce
y nadie llorará tu ausencia
— se apagó la luz ultramarina de tus antepasados,
hace siglos que tu nombre
restriegan sin clemencia—.

Esperabas tener otro destino
pero el destino a ti no te esperaba.
Tal vez compraron tu silencio.
Tal vez cuando te dieron sepultura
solo se pudo oír en el remanso del atardecer
el latido de la soledad
que ahora inútilmente acoge
el eco remoto de tu redención.

MERCURIO

Lo mejor era cuando

se rompía el termómetro desparramando

por el suelo infinitas gotas de mercurio.

Tenías hecho el día

uniendo las bolitas en una sola bola.

Era como esculpir el agua,

reducir las olas del océano a una sola ola,

reunir toda la eternidad en un único instante,

tejer en un único recuerdo

toda la maraña de la memoria,

esquivar la muerte,

anestesiar todo el olvido.

SALIVA

Si la palabra termina siempre en el silencio
¿Acaso no halla éste su tumba de agua
en la dulce exhalación de la saliva?

Donde dan la vuelta los océanos

DESPUÉS

Ya nada queda y de nada sirve

iniciar un nuevo trámite en aras de recuperar

algo, un pequeño bagaje, de todo lo perdido.

En manos del orfebre queda la filigrana,

el vestigio frugal

de su arte minucioso, el laborioso

entrelazado de los hilos plateados

entorchados al modo bizantino,

los ornamentos para realzar

la caligrafía de tus apellidos

en un margen del féretro,

otorgarles un toque

a ser posible excepcional,

convertir tus emociones pasajeras

y tus logros en la vida en un nítido hexámetro

con ánimo de redención.

Resumir la vida, en suma,

como un acto inacabado

de todo lo vivido.

DESPERTAR

Salto del resorte de la cama impelido

por un deber inexcusable,

por despertares entre restos de yelmos oxidados

y pálidas espadas.

Me escabullo del sueño con el eco

del ensueño entre las manos.

Dejo atrás otra batalla bajo el fango

cubierto de cadáveres. (La cencellada

aún cubre los cuerpos

dispersos entre las cenizas

y el azogue de las bestias

se expande por toda la llanura).

Me anudo la nuez de la corbata

con los gestos de un autómata.

Me afeito a oscuras porque no resisto ya

mi imagen de lacayo.

Observo con desdén la primera luz de la mañana.

Me ensimismo hasta que saltan las tostadas

que un imaginario mayordomo
unta con arándanos salvajes.

Repaso internamente

los asuntos que me esperan,

el estudio meticuloso

de un sinfín de radiografías

buscando en grietas grises

la presencia de tumores.

Nadie sabe que en mis noches
se suceden sin pausa los eclipses.

AUTOAYUDA

No dejes que nadie trace tu camino

o se permita el lujo de ignorarte.

Aléjate de compañías que pongan en solfa

tus modales o comparen tu forma de vestir,

su sintonía con el estilismo.

Piensa antes de hablar, no dejes

que conozcan lo que piensas, no permitas

que vislumbren lo que sientes, cuídate

de los pluscuamperfectos.

Mantente firme lejos del engaño, lleva

tus manos limpias de sangre, otorga

tu palabra si no puedes hacer regalos.

Lee entre líneas, nunca

aceptes pactos, tu salvación no depende

de hipotecas, ellos siempre buscarán

tu servidumbre.

Recurre a tu instinto, no malgastes

el tiempo en subterfugios, no te vanaglories

de tus logros.

Reconoce siempre tus errores, establece

tus propias prioridades, repasa

el significado de tus actos al final

de cada día, sopesa su nivel de trascendencia.

Termina siempre lo que empiezas, acepta

tus defectos, olvida tus rencores, no permitas

que pisoteen tus sueños y prolonguen

tu agonía, muestra siempre tu sonrisa,

jamás cometas el error de subestimar

lo que el destino puede depararte.

Corre, no mires atrás, huye

hacia adelante, busca

un arma.

ORDEN

La orden era descender
al profundo reino de las sombras.
Desperté sediento
sin haber domado a todos los caballos.

Donde dan la vuelta los océanos

CIRCUITO

Teníamos que olvidarnos de premisas
y dejar de lado toda idea preconcebida,
sustraernos de prejuicios y de vanas especulaciones,
soportar estoicamente todas las inclemencias,
asumir el paso de los días
como si cada día fuera un equinoccio,
revisar la exactitud del tiempo en todos los relojes,
corregir el balance de los péndulos y darles cuerda,
quitar el polvo de los engranajes,
tachar los días vaciados de cada calendario
para mantener siempre presente la fecha
en que vivimos y así esquivar
todo atisbo de incertidumbre,
mantener siempre limpios los espejos
porque en ellos siempre quedan remotas
formas de vida pasajeras de la historia,
no apurar los restos de los licores
de las copas de bohemia

dejadas por los pasajeros,

no tocar el piano de cola que

una vez al mes afinaba Stradivari

para que un pianista,

enloquecido por la soledad,

noche tras noche,

nos abriera vías de agua

en pleno corazón.

CUANDO YO MUERA

Piensa todo lo que pienso y

dicta todo lo que escribo.

Cuando yo muera,

como una pedrada, se le abrirá

en la boca la mueca eterna

de un huérfano lisiado.

Al despertar una mañana

su corazón latirá

como el de un muerto reciente

y volverá a arrastrarse y mendigar

por las esquinas

y velará en la noche

la estela yerta de su sombra.

   Junto a la tumba de Petrarca apilarán

sus huesos.

OPÚSCULO DE LA DEVASTACIÓN

Las calles están llenas de corazones rotos.
Palabras rotas que no debían pronunciarse.
Todo está roto.

Bob Dylan. *Everything is broken.*

Observo hoy el edificio devastado,

los borrosos planos de sus corredores

vencidos por la escombrera y el silencio,

triste homenaje de la piedra

a la sal calcárea que emerge desde el fango,

fugaz coreografía de grava y arenisca,

cobijo de sierpes y lagartos,

extenuación de hierbas secas y de telarañas,

putrefactas humedades

horadando estrías en el mármol,

solar rendido a la desolación del páramo

abatido por el hálito de vientos boreales,

ventanales sepultados, cristales rotos,

herrumbrosos goznes,

cerrojos carcomidos por el moho,

desvencijadas camas y somieres oxidados,

sábanas como mortajas desgarradas

—la deslumbrante

luz del mediodía que en su reflejo

ciega la visión fugaz del horizonte—,

armarios, mesas, sillas, baúles agrietados,

ajados cortinajes,

escapularios,

radiografías que aún retienen

la imagen de un eclipse

azul de luna ensangrentada,

cartas de amor que nunca hallaron su destino,

fotos de rostros desvaídos,

sombras de un ayer perdido en las dársenas

del abandono y las humillaciones.

Se oyen pasos que se alejan

esparciendo huellas de ceniza.

Se oyen voces muy lejanas

adioses, despedidas,

sordos ruidos de badajos

llamando entre susurros a los muertos.

No lloréis por mí,
no os apiadéis de mi destino.
Dejadme ver de nuevo
al ángel exterminador.